AF496015

MÉMOIRE

ADRESSÉ

AUX CITOYENS REPRÉSENTANTS

SUR

L'ASSURANCE CONTRE L'INCENDIE

EXPLOITÉE PAR L'ÉTAT

Par le Citoyen Adolphe CHAUVIER

AGENT D'ASSURANCES.

« La République peut avoir des hommes à
« combattre, n'y ajoutons pas les éléments. »
« Les industries sont autant d'anneaux qui
« forment une chaîne qu'on appelle com-
« merce; rompre un de ces anneaux, c'est
« rompre la chaîne, l'équilibre. Au point de
« vue général du commerce, il n'existe pas
« de petites industries; toutes emploient de
« plus ou moins nombreux capitaux et mé-
« ritent la même sollicitude du Gouverne-
« ment : chaque industrie a ses travailleurs,
« leur existence y est attachée; les oublier,
« c'est un crime, c'est marcher à la ruine de
« la société.
« Le talent des hommes appelés à gouverner
« l'État ne consiste pas seulement à donner leur
« attention aux affaires politiques en général,
« mais à comprendre combien chaque pro-
« duit a d'influence, combien tous les intérêts
« sont sacrés; l'égalité est due aux hommes
« comme aux industries; tout a sa place au
« même titre au sein de la grande famille,
« soit comme citoyen, soit comme intérêt.
« La même protection leur est due. »
Club d'Avallon (Yonne), séance du 22 avril.

AD. CHAUVIER,
Candidat à la députation nationale.

PARIS,

IMPRIMERIE MAULDE ET RENOU,

Rue Bailleul, 9-11.

MAI 1848

AUX CITOYENS REPRÉSENTANTS

A

L'ASSEMBLÉE CONSTITUANTE.

CITOYENS,

Délégués de la Nation à l'Assemblée constituante, vous êtes appelés aujourd'hui à gouverner l'État ; c'est en vos mains que sont confiés le salut de la République et le soin d'établir sur des bases solides l'édifice de la société tout entière.

Le monde entier a les yeux sur vous : vous ne faillirez point à votre tâche.

Vous ne vous attacherez point à de vaines utopies, à des idées chimériques ; la raison, votre haute expérience des hommes et des choses, vous indiqueront la vraie voie qu'il convient de suivre pour rariver au bien-être social.

Vous ne voudrez pas, pour établir un système douteux, ou tenter une épreuve, une expérience nouvelle, risquer l'existence de milliers de citoyens ; non, vous ne tuerez pas, vous ne réduirez pas à la misère ceux qui ont contribué de leur sang à sceller l'édifice de la République naissante.

Comme citoyen, j'ai combattu la royauté ; j'ai salué avec toute la joie d'un patriote la naissance de la République ; j'ai compris que le règne des abus, de la corruption était passé, que celui du progrès allait commencer.

Cette opinion est encore ma conviction.

Mais, je dois le dire, depuis deux mois de fausses idées, de malheureuses utopies ont pris naissance, et si elles n'étaient combattues aujourd'hui par la raison et terrassées par vous, elles mineraient la société tout entière.

L'organisation du travail, cette grande question du jour, qui a pris une proportion si colossale, a jeté une inquiétude dans les esprits ; on a compris que si le système de l'association du capital au travailleur se réalisait, ce ne serait que le prélude de plus gravee questions destinées à paraître un jour ; que si cette idée fausse, que l'homme qui reçoit seulement un salaire est l'exploitation de l'homme par l'homme, qu'il serait facile, en marchant d'utopie en utopie, d'établir que l'Industrie, le Commerce sont l'exploitation de quelques uns sur la société tout entière, et que, dès lors, il appartenait à l'État de prendre les principales branches de l'industrie dans l'intérêt du peuple.

Ces idées, fausses en équité même, puisqu'elles ôtent toute stimulation chez le travailleur et privent le négociant de son industrie, ont fait malheureusement des prosélytes.

Aujourd'hui, une nouvelle crainte parcourt la société : le Gouvernement sera-t-il industriel ?

Si cette question était tranchée aujourd'hui par l'affirmative, la République serait divisée en deux camps :

La République politique, protégeant l'industrie,

Et la République industrielle.

Or, je dis :

L'État doit être protecteur de l'industrie et non industriel ;

L'État ne doit avoir qu'un but : l'union de tous les citoyens.

C'est diviser, c'est scinder que renverser une industrie, c'est se créer des ennemis, des embarras, c'est jeter la ruine et le désespoir dans la famille et la perturbation dans toutes les industries.

J'aborderai, Citoyens, le sujet du Mémoire que j'ai l'honneur de vous adresser ; heureux si mes lumières peuvent contribuer à jeter dans votre esprit l'éclair de la vérité.

Voyons donc quelle est la première industrie dont le Gouvernement désire s'emparer, ou, du moins, dont quelques économistes veulent qu'il prenne possession.

L'assurance contre l'incendie.

S'il est une industrie dont le gouvernement ait à prendre possession, si tant est qu'il doive un jour commettre cette grave erreur, c'est, sans contredit, la dernière dont il aurait à s'emparer. J'en appelle ici non seulement à tous les hommes éminents qui ont étudié la matière, mais encore au bon sens de la nation tout entière.

Il ne suffit pas de proclamer une théorie, il faut encore pouvoir en faire l'application.

Établissons, par ce qui est à notre connaissance, les difficultés sans nombre qui se présenteront à l'application de l'assurance par l'État, et quelles difficultés matérielles surgiront aux yeux des hommes qui n'auront cru rencontrer aucun obstacle.

L'assurance ne peut être prise par l'État que pour tout ce qui est assurable, soit en valeur mobilière, soit en valeur immobilière.

Car, si l'État n'assurait que la valeur immobilière, ce serait une demi-mesure prise aux dépens des assurés pour les valeurs mobilières, les Compagnies, dont on enlèverait une partie de leur exploitation, se verraient forcées d'augmenter le tarif de leurs primes et perdraient la confiance publique par la mobilité de leur position, non seulement vis-à-vis des assurés, mais encore vis-à-vis de leurs actionnaires, aux appels de fonds qui peuvent leur être faits dans un cas donné ; leur position précaire effacerait toute confiance, toute sécurité : ce serait une mesure fatale, désastreuse.

L'assurance ne peut donc être prise que pour tout ce qui peut être assurable contre l'incendie ; or, ici commencent les difficultés de l'application.

Comment se fera l'assurance ?

Sera-t-elle facultative ?

Mais adressez-vous aux Compagnies, ouvrez leurs registres et voyez s'il arrive des assurances autrement que par l'intermédiaire des courtiers qui absorbent la majeure partie des bénéfices ?— Hors, pas de courtiers, pas d'assurances.

Et dès lors, l'opération du Gouvernement serait nulle.

L'assurance sera-t-elle obligatoire ?

Eh quoi ! encore un impôt ? Oublie-t-on que le contribuable voue toujours sa malédiction à celui qui le frappe d'une nouvelle contribution ? et si l'assurance est obligatoire, l'État doit nécessairement assurer tous les établissements quels qu'ils soient, même ceux qu'aucune Compagnie ne voulait assurer, les poudrières, de nombreuses usines et théâtres, des filatures dont les constructions sont légères et renferment d'immenses valeurs, les fabriques d'allumettes chimiques, les ouates, les cuirs vernis, la garance, dont les primes souvent ont été refusées à 20 fr. pour 1,000 par les Compagnies.

Faire l'assurance obligatoire! Mais on n'admettra pas que cette mesure soit approuvée par tout le monde, et alors, s'en rapportera-t-on à la déclaration de l'assuré?

Mais, si la déclaration est inférieure à la valeur des objets, l'État se trouve lésé.

Si la déclaration est supérieure, en cas de sinistre, l'État donne un encouragement au vol.

Fera-t-on l'expertise avant l'assurance?

Faites donc l'inventaire d'un magasin de nouveautés, de la *Ville de Paris*, des *Villes de France*, du *Pauvre Diable* ou d'un quincailler, d'un marchand dont le va-et-vient l'empêche de connaître lui-même sa position, faites donc l'expertise chez 35 millions d'habitants!

Assurera-t-on *sur* valeur et non *pour* la valeur? Je renvoie au chapitre du *Réglement des sinistres* les difficultés que le Gouvernement rencontrera.

L'assurance étant toujours obligatoire, lorsqu'un assuré, nous admettons toujours la fatalité, aura eu trois sinistres dans une année (il y en a qui ont eu ce chiffre en deux mois), l'État renoncera-t-il à l'assurer?

OUI.

Mais tous les citoyens ont droit à la protection des lois, et vous ne pouvez lancer un tel arrêt.

NON.

Alors où serait le bénéfice? (1)

(1) On veut s'emparer des assurances exploitées par les Compagnies, parce qu'elles font des bénéfices, mais qu'on réfléchisse donc qu'elles ne doivent ce bénéfice qu'au choix qu'elles apportent à assurer tel risque et à refuser tel autre; il n'y a pas de balance possible à faire du *bon* et du *mauvais*. L'assurance étant obligatoire, la vérification des risques deviendra inutile. Il y a des Compagnies qui n'assurent ni les théâtres, les passages, les bazars, les maisons de tolérance, ou les bâtiments construits sur terrain d'autrui; aucune Compagnie n'assure ce genre de construction pour une autre valeur que celle des matériaux.

La Cour d'appel a admis qu'une fausse déclaration à ce principe entraîne

L'assurance obligatoire étant perpétuelle, il est inutile d'en limiter la durée : mais les fortunes, les positions changent ; celui que l'as-

la déchéance de l'assuré, non seulement à l'égard du bâtiment incendié, mais de tous les objets formant le sujet de l'assurance.

Les Compagnies, dans le seul département de la Seine, dépensent plus de 100,000 fr. par an en frais de vérification.

La vérification consiste : à apprécier en bloc ou sans autre aperçu que le premier coup d'œil, la valeur approximative des objets assurés; la construction et la toiture du bâtiment qui les renferme; la durée du bail de l'assuré; sa moralité, s'il a été en faillite ou est dans de mauvaises affaires; s'il a été déjà assuré, incendié ; si en cas de sinistres il y a possibilité de sauvetage, enfin tous renseignements qui donnent une garantie morale à la compagnie. Terme moyen, sur 100 propositions d'assurances portant sur usine ou fabrique, 25 sont refusées par le danger qu'elles offrent, soit par leur nature, soit par la moralité de l'assuré : en un mot, le fait d'incendie à la charge d'une compagnie n'est que le résultat d'une erreur de vérification (excepté le feu du ciel); que l'on juge par là de la prudence apportée par un vérificateur dont des sinistres trop fréquents ou trop considérables feraient perdre la place. Il n'est pas une seule Compagnie qui pourrait exister si une loi les forçait à assurer tous les risques quels qu'ils soient.

Nous ne voulons pas ici nous faire le délateur des établissements dangereux qui sont à notre connaissance ; mais il faut avoir visité les usines et les fabriques pour s'en faire une idée : à Montmorency, un débitant nous a présenté à l'assurance 200 kilogrammes de poudre. — Dans une administration de voitures publiques, nous avons vu 150 chevaux dans une écurie ayant deux petites portes de sortie et 40,000 fr. de fourrages sur le sellier qui couvrait l'écurie. — Chez un marchand de paille, deux étages de marchandises, dont les planchers étaient en bois de sapin, avec 30,000 fr. de marchandises. — Un distillateur fabricant, dont la porte d'entrée était de 1 mètre 20 centimètres de largeur, et chaque mur de côté étant de soutennement ne permettait pas d'élargissement; le plancher formait le sellier d'une cave, et les pipes d'eau-de-vie entraient sur champ ; 16 pipes, contenant plus de 40,000 litres d'eau-de-vie, et un alambic en face desdites pipes, dans un espace de 9 mètres carrés ; en cas d'incendie, l'impossibilité de coucher une pipe et de la rouler : par conséquent nul moyen de sauvetage. — Les fabricants de pianos occupent généralement toute une maison ; un entre autre au fond d'une cour avec un escalier étroit, sombre, marchandises consistant en bois de placage, colle forte, fourneaux, menuiserie, copeaux, le tout renfermant 50,000 fr. de pianos confectionnes et en confection ; sauvez donc par un escalier sombre et étroit, des pianos à queue, voire même droits, surtout quand l'établissement relevait d'un incendie récent?—Des amidonneries et des sechoirs de laine, dont les claies des étuves sont en bois, et la chaleur portée à plus de 70 degrés, dans des bâtiments de mauvaise construction . — Des cuirs et toiles vernis avec des étuves chauffant à 70 degrés ; une chaudière, qui souvent n'est pas distancée de l'atelier, si la chaleur est trop forte, le surance froisse et dont le commerce, les marchandises ou les valeurs augmentent, comment, pour ne pas assurer au dessous de la valeur, reconnaîtra-t-on cette augmentation?

vernis monte et se répand sur les bords de la chaudière, et éclate au contact du feu et se répand en lave. — Des filatures de lin, de coton, de laine, de garance, de ouate, dont les plus téméraires Compagnies à 20 fr. pour 1,000 ne se résignent pas toujours à prendre une valeur de 30,000 fr., en laissant l'assuré son propre assureur pour 1/15e, et avec une franchise souvent de 500 et 2,000 fr., c'est-à-dire laissant l'assuré son propre assureur pour une somme désignée, avant toute garantie de la Compagnie. — Enfin une fabrique d'allumettes chimiques avec deux étuves, dont les marchandises, l'outillage et les mauvaises constructions s'élèvent à 300,000 fr. !!! renfermant 150 femmes ou enfants; l'hiver, des poêles non grillagés, le soir à la lueur du phosphore, l'établissement semble embrasé; aucune Compagnie à 6,000 fr. de prime n'a voulu du risque. — Un atelier d'objets vernis construit sur terrain d'autrui, tout en bois, étuve, objets d'arts, une seule poutre, non scellée, sur laquelle repose tout l'édifice, contigu à une fonderie de fer, séparé par un pan de bois avec jour de souffrance, contigu à une machine à vapeur de la force de 12 chevaux. — A Paris, un chaume dans un chantier de bois de bateaux.

Enfin il n'est pas de semaine qu'il ne se présente à notre connaissance des étuves ou séchoirs non déclarés dans des maisons d'habitation, des marchandises inflammables et insalubres ou des laboratoires; des réglements de police non suivis, et qu'il n'est pas possible de connaître. — Des ateliers de louage de vapeur, autre source de calamités, les ateliers sont séparés la plupart par des cloisons; un entre autre, dont la première travée se trouve occupée par une machine à vapeur de la force de 10 chevaux; deuxième travée, scierie de bois de placage; troisième et quatrième travées, moulin à broyer, dont les voliges qui les séparent des autres travées sont carbonisées; cinquième et sixième travées, découpage de bois; septième travée, teinturerie de bois; huitième travée, polissage d'acier et au dessus de ces travées, des polisseurs et un retordeur de ficelle, un escalier droit et en bois, un corridor, espace nul; une étincelle !!! — Un moulin a eau, dont les quatre étages ne sont qu'en sapin, un arbre de couche les traversant, et au premier étage une étuve !!! — Un impasse dans Paris où il n'existe qu'une seule maison en moellons et briques, le restant en bois, et ne contenant que des voitures, des chevaux, des fourrages, des séparations en foin et paille, des fabricants de billards, des serruriers, teinturiers, étameurs, et la proximité d'un théâtre !!! aujourd'hui encore les Compagnies l'ont marqué à l'index comme un lieu fatal. — Enfin un théâtre du boulevart possédant quatre étages d'appartements loués à des locataires !!! Où sont les règles de la plus simple prudence?

Il n'est pas à notre connaissance quatre bâtiments sur cent à usage de fabrique, filature ou usine dont la construction puisse arrêter les progrès de l'incendie; là des toitures en bois, en toile goudronnée, des séparations en voliges ou cloisons légères, de faibles murs; du désordre dans le placement des

— Par l'expertise.

Alors, à quelle époque se fera le recensement des valeurs? — Tous les ans?

Mais les frais administratifs absorberaient le revenu.

Si l'assuré refuse l'expertise, quelle voie emploierez-vous? — La violence? — Vous conduirez à la révolte.

Faire un inventaire!! Mais il y a des négociants, quand ils y sont forcés par leur intérêt, pour se rendre compte de leur position commerciale, qui se trouvent dans la nécessité de fermer leur établissement pendant plusieurs jours.

Vous en rapporterez-vous à leur inventaire? — L'État pourrait être dupe de la mauvaise foi.

Nous qui pratiquons l'assurance, nous rencontrons des difficultés souvent insurmontables pour décider un citoyen à assurer son immeuble à 20 et à 30 centimes par 1,000 fr., moins dans les villes cependant que dans les campagnes, où plus de la moitié des bâti-

marchandises, des planchers et des plafonds en bois, *même dans des étuves;* des entrées étroites et sombres quand les produits sont lourds et volumineux; la nuit, pas de surveillance; des ouvriers fumant même dans des fabriques de ouate; des étuves faites par des cloisons.

A notre avis, les escaliers et les portes d'ateliers devraient avoir une entrée voulue par les réglements de police; les murs et les séparations, pour arrêter les progrès de l'incendie, devraient avoir une plus forte épaisseur, les murs des étuves en briques, en moellons, et le plancher en carreau. Pour faire une industrie, il suffit de la patente et du bâtiment; la loi devrait exiger la visite du bâtiment que l'on change de simple habitation en usine ou fabrique.

En visitant l'entrepôt du quai Saint-Bernard, une idée nous a toujours frappé; pourquoi les eaux-de-vie sont-elles placées dans la partie supérieure, la rue de Jussieu, et les huiles, dont la valeur est considérable, dans la partie inférieure, la rue de Bourgogne? S'il arrivait un sinistre (celui de Bercy a bien eu lieu), n'est-il pas évident que le liquide enflammé descendrait dans la partie basse et se communiquerait aux huiles et aux vins? Le vin ne brûle pas, c'est vrai, mais le feu brûle les cercles, et le liquide perdu console-t-il le propriétaire *parce qu'il n'est pas brûlé?*

Lorsqu'on établit un entrepôt d'eau-de-vie, surtout près d'un fleuve, rien ne serait plus simple que de faire dans chaque cellier un trou ou entonnoir qui aboutirait à un égout où le liquide, en cas d'incendie, irait se perdre et de là dans le fleuve; en sorte que, quelle que soit l'intensité du feu, le liquide disparaissant avec une grande activité, ne pourrait se communiquer aux celliers voisins. Un tube de 33 centimètres absorberait plus de 1,000 hectolitres en 15 minutes.

ments dans les départements ne sont pas assurés, à quel immense mécontentement livrera-t-on les habitants des campagnes, forcés d'assurer à la fois leurs bâtiments, leurs récoltes et leur mobilier personnel, aratoire et leurs bestiuax ?

C'est ici qu'il faut compter avec l'esprit public que l'on froisse en .e violentant, au lieu de chercher son appui en allégeant au contraire les impôts et non en les multipliant.

Mais, si l'assurance est obligatoire, descendra-t-elle jusqu'à celui qui n'est pas imposé ? — Il ne suffit pas de vouloir imposer, il faut encore pouvoir percevoir l'impôt.

Or, logiquement, il existe des citoyens insolvables, tant par la véritable misère, le manque d'ouvrage, les maladies, la nombreuse famille, que par la paresse, la débauche, et l'État ne saurait rechercher la perception d'un impôt dont le produit ne couvrirait pas les frais.

N'assurant que l'imposé, s'il arrive que le feu se communique d'un bâtiment ou magasin assuré à l'habitation où demeure un travailleur non assuré, qui paiera le sinistre, le dommage fait au travailleur ?

L'État ? mais il n'a pas donné sa garantie, et, dès lors, il ne doit rien.

L'Assuré ? mais l'Etat n'assurant pas de recours de voisinage, ainsi que le font toutes les Compagnies, comment pourrait-il se faire garantir de cette éventualité ? et s'il doit supporter cette charge, vous l'exposez à une ruine totale, alors qu'il a brûlé chez des voisins non assurés plus qu'il ne possède.

Le travailleur non assuré ne peut, parce qu'il n'est pas imposé, perdre le fruit de ses économies ; il ne peut perdre, comme citoyen, le bénéfice de la loi consacré dans les art. 1382 et 1383 du Code civil ainsi conçus :

ART. 1282. Tout fait quelconque de l'homme qui cause à autrui un dommage oblige celui par la faute de qui il est arrivé à le reparer.

ART. 1383. Chacun est responsable du dommage qu'il a causé, non seulement par son fait, mais encore par sa négligence ou par son imprudence.

Or, qui paiera le dommage ?

On ne peut mettre un assuré dans cette position, en un cas donné, d'être son propre assureur, soit pour ses biens, soit pour ceux d'autrui.

Une assurance, pour être utile, doit être complète et couvrir entièrement l'assuré.

L'Etat assurera-t-il des recours de voisins? mais si la prime est uniforme, le chiffre de 50 centimes est exhorbitant; les Compagnies ne prennent (sur les risques ordinaires) que 20 centimes : où est l'avantage pour l'assuré?

Alors, on assurera moins de recours de voisins.

Si le dommage d'incendie provient du fait d'un assuré qui s'est fait garantir du risque de voisinage, et que le feu se soit porté sur des valeurs assurées, l'Etat exercera-t-il son recours contre l'au - teur de l'incendie pour l'excédant du dommage non assuré?

OUI.

Mais l'assuré court la chance de brûler, non seulement plus qu'il n'a assuré de recours de voisins, mais encore que cet excédant soit supérieur à sa fortune :

NON.

Mais chacun doit le dommage du tort qu'il a causé, soit aux citoyens, soit à l'Etat.

Où est dès lors la sollicitude des législateurs pour les intérêts du pays?

Mais, à ce nouvel impôt, il est permis de faire une demande : y aura-t-il bénéfice ou y aura-t-il déficit?

L'éventualité est tellement grande, les obstacles si multipliés et les frais administratifs si énormes, qu'il est permis de répondre :

NON.

L'assurance sera-t-elle mutuelle?

Le Gouvernement ne saurait prendre un chiffre fixé pour ses frais administratifs et répartir entre tous les citoyens les sinistres survenus dans l'année ; c'est bien assez d'être assuré violemment sans se jeter dans les hasards d'une répartition désastreuse, et alors, comme toutes les Compagnies qui assurent en mutualité, on établirait un *maximum* de répartition, et l'assuré, dans un cas donné, ne recevrait pas l'intégralité de son sinistre, puisque ce maximum pourrait être insuffisant pour payer les sinistres de l'année, ou ne recevrait l'indemnité qu'à la fin de l'exercice et non immédiatement après le réglement de son sinistre, comme le font les Compagnies à primes.

L'assurance sera-t-elle à primes fixes?

Alors, établira-t-on un tarif pour tous les genres d'exploitation, car les établissements industriels font varier les primes selon qu'ils offrent par leur nature des dangers d'incendie ou qu'ils sont bien ou mal construits, ou bien encore qu'ils sont placés à proximité d'établissements réputés dangereux, et alors, quel personnel le gouvernement sera-t-il forcé d'entretenir pour vérifier, expertiser, et à quelle prime prendrez-vous les établissements que les Compagnies n'admettent même pas à 25 fr. par 1,000 fr., ou les établissements dont les possesseurs sont l'effroi de la société par leur discrédit ou leur immoralité ?

La prime sera-t-elle uniforme?

Mais serait-il juste de faire payer une prime aussi élevée à celui dont l'habitation est en pierre de taille qu'à celui dont la toiture est en chaume; au débitant qu'au fabricant; au marchand de drap, par exemple, qu'aux fabricants de produits chimiques, de cuirs vernis, de ouate, les filatures, les théâtres, les usines à gaz, etc., etc.? l'uniformité n'est pas possible; où est alors l'impôt progressif?

L'uniformité dans une contribution a toujours été considérée comme vicieuse, dépourvue d'intelligence et faite aux dépens de la masse en faveur du riche; les vins, les bestiaux par tête sont là pour le prouver, et en assurance, l'uniformité de prime serait un oubli de toute règle gouvernementale, surtout sous un gouvernement républicain. A 50 c., tous les propriétaires d'immeubles sont lésés, et les grosses manufactures, celles qui courent le plus de danger, seraient seules appelées à profiter de l'assurance. Trente fabriques à Elbeuf, ou les vingt-deux théâtres de Paris seulement, dont l'assurance est à 20 fr. pour 1,000 fr., rapportent autant que toute l'assurance immobilière d'un département avec une population de trois cents mille âmes, l'Yonne ou l'Aube, par exemple; et c'est alors que les contribuables pourraient, à juste titre, dire que les assurances n'ont été faites qu'à l'avantage des gros industriels, aux dépens des bâtiments des campagnes, dont les prix varient de 30 à 50 c. L'impôt progressif est le plus juste de tous les impôts; pourquoi serait-il appliqué sur toutes les contributions, excepté sur l'assurance? Oublierait-on le principe que chacun doit contribuer aux charges de l'Etat suivant sa fortune?

Le Gouvernement, assailli de réclamations, se verrait forcé d'appliquer un tarif, celui en vigueur par les Compagnies probablement.

Si l'assurance est obligatoire, alors qu'il n'existe pas de choix à faire dans les objets assurés, les pertes sont immenses; si la prime est uniforme, soit celle de 50 c., elle ne balancera jamais les pertes faites sur les mauvais risques ou par les ennemis du Gouvernement, et le résultat sera négatif (1).

La prime uniforme serait la plus grande anomalie qu'un Gouvernement pourrait faire; car chacun *doit* suivant les dangers qu'il fait encourir au Trésor public.

Alors, pour que la loi soit équitable, il faudrait une échelle de proportion dans les primes, afin qu'elles fussent en rapport avec les risques.

A cette seule question pourraient se résumer toutes les difficultés de l'assurance.

Que l'on se représente le nombreux personnel nécessaire pour expertiser toutes les habitations, chaque valeur, suivant sa nature; ici, des usines, des fabriques; là, des objets d'art, de curiosités, des tableaux; ici, des récoltes; trente-sept mille communes, trente-cinq millions d'habitations, et, terme moyen, deux expertises par chaque jour d'employé; car l'expertise ne sera pas faite légèrement, à la hâte, on voudra préciser. Que l'on calcule maintenant ce que les décès, les ventes, faillites, donations viendront jeter de trouble dans les expertises faites et qui seront à recommencer; bien plus encore, ce que le vol aura de prise, lorsque l'expertise faite, constatée, une partie des objets, les plus précieux (bien entendus), auront été détournés, et qu'il sera facile de se faire rembourser à l'aide du crime

______

(1) En trente ans six théâtres à Paris ont été incendiés : Odéon, Franconi, Ambigu, Gaîté, Vaudeville et Italiens.

d'incendie. L'expertise ! mais entre un agent qui croira devoir baisser le prix d'un objet, et l'assuré qui évaluera l'objet à l'intérêt qu'il lui porte, ou bien encore entre l'assuré récalcitrant qui voudra baisser la valeur de l'assurance et l'expert qui la portera à sa juste valeur, qui tranchera le nœud gordien ?

Quelle gigantesque comptabilité à établir ! deux employés par commune ne suffiront pas, plus un employé supérieur, un autre vérificateur, plus des experts spéciaux ; c'est une nouvelle armée à la charge de l'État.

L'assurance ne pourra jamais être reçue sur une simple déclaration ou basée sur le prix du loyer, de la patente, ou de l'impôt ; un homme sensé n'admettra jamais qu'avec de tels renseignements on puisse payer un sinistre. Ainsi, que la prime soit ou non uniforme, l'expertise sera toujours *rigoureusement nécessaire*.

Eh bien ! quel est le nombre des employés du gouvernement sur la régie, qui n'est seulement que la constation des boissons, et qui ne forment certainement pas la centième partie de la propriété ?

Ainsi :

Nécessité d'expertise au moment de l'assurance ;

Nécessité d'expertise pendant l'assurance ;

Autrement, admettrait-on qu'une assurance faite en **1848** dût être la même en 1858, 1868 et 1878 ?

Qu'on n'objecte pas qu'il sera de l'intérêt de l'assuré de déclarer sa position, car plus bas nous démontrons ce qu'il vient de citoyens se faire assurer volontairement : l'empressement est nul. L'assurance ne se fait qu'à la sollicitation du courtier : nous en appelons à tous les propriétaires, boutiquiers ou fabricants, depuis la ville jusqu'à la plus simple habitation des villages.

Quel est le département où des plaintes nombreuses ne se sont pas élevées sur les visites vexatoires des agents de la régie ?

Espère-t-on échapper à ces plaintes, quand ces visites viennent, comme la régie, sous la forme d'un impôt ? Si visiter une cave offense le débitant, est-ce que la susceptibilité ne pourra pas être éveillée à une visite domiciliaire, à un recensement total de l'habitation ?

Prendra-t-on le jour qui conviendra à l'assuré ? Mais il pourrait

à l'avance, surcharger ou diminuer son assurance, soit en supprimant des objets, soit en les augmentant dans un but de spéculation. Sera-t-il tenu de se soumettre à l'expertise à la première demande de l'agent vérificateur ?

Mais ce serait une tyrannie, et nous défions de faire deux vérifications sans opposition. Une expertise forcée serait une humiliation pour la masse des assurés, ce serait une confession publique de sa position, et sans même qu'elle fût honteuse, et n'en froisserait pas moins la juste susceptibilité des citoyens.

Maintenant, pour peu que les polices soient à la disposition des citoyens, ce serait le guide des voleurs.

L'État assurera-t-il les risques locatifs et les recours de voisins ?

L'Etat devra-t-il payer tout sinistre, sans recours contre celui qui en a été l'auteur par son imprudence ou par sa négligence?

Celui qui habite, soit journellement, soit accidentellement une maison meublée; un voyageur, un étranger qui, par sa faute, a commis un sinistre, ou celui qui, par l'exiguité de son loyer, n'est pas atteint par les contributions, mais dont la fortune peut répondre du dommage qu'il a causé, ne pourra-t-il pas être poursuivi au lieu et place de l'assuré indemnisé par l'Etat? Alors l'Etat se fait processif et l'effroi des citoyens.

Les Compagnies ont fait des bénéfices, cela est vrai; mais sur des risques ou éventualités dans lesquelles le Gouvernement ne pourra pas faire la même application, les risques locatifs et de voisinage, et en établissant des primes depuis 20 c. jusqu'à 25 fr.; le Gouvernement suivra-t-il cette voie?

On parle de terme moyen : où est-il? 50 c., a-t-on prétendu; mais si ce chiffre était exact, pourquoi les Compagnies ne l'ont-elles pas appliqué et n'en ont-elles senti le besoin pour multiplier les assurances?

Ici je réponds à ceux qui non pas étudié la matière :

Comme valeurs immobilières, les primes sont fixées de 30 à 50 c. pour 1,000 fr. ;

Comme valeurs mobilières ordinaires, les primes sont fixées de 75 c. à 1 fr. 50 c.;

Comme valeurs industrielles (usines, fabriques, filatures, théâtres), de 2 fr. à 25 fr.

Où est le terme moyen, alors que la valeur immobilière entre environ, comme somme assurée et rapport, pour les   3/12ᵉ

La valeur mobilière 7/12ᵉ

La valeur industrielle. 2/42ᵉ

____

12/12ᵉ

C'est une grande erreur de croire que la valeur immobilière est la plus considérable à assurer.

Les valeurs en marchandises, en entrepôt, ou en fabriques et leur outillage, et les valeurs mobilières proprement dites, sont de plus de 100 p. 100 supérieures à la propriété immobilière.

Terme moyen, que l'on considère le prix des matériaux d'une maison, et qu'on la mette en balance avec la valeur mobilière des locataires réunis, depuis le boutiquier jusqu'à la mansarde et le concierge, et que chacun en fasse l'application par la propriété que l'on occupe, à commencer par les plus somptueux hôtels, et on pourra s'en faire une idée raisonnée et juste.

La richesse de l'hôtel est plutôt dans le mobilier, l'argenterie, les bijoux, les tableaux et les chevaux que dans le bâtiment (terrain déduit).

L'outillage de l'usine et ses marchandises sont supérieurs aux bâtiments qui les renferment, dont la construction est à l'état brut.

Les marchandises en douane, en entrepôt sont supérieures à la toiture et aux quatre murs qui les garantissent.

La valeur de la récolte, blé ou vin, chevaux ou bestiaux, est supérieure au chaume qui les couvre.

Le navire ne vaut pas les marchandises qu'il renferme.

Un trois-mâts du port de 500 tonneaux peut renfermer un million de marchandises.

Une maison de six étages, de deux boutiques et de 12 mètres

carrés, vaut 54,000 fr. de construction, et renferme 18 locataires, terme moyen 3,000 fr. attribués à chaque locataire, présenterait la valeur de la propriété ; il y a à ce prix, sur 100 maisons :

1 maison dont les boutiques ont eu marchandises et mobilier la valeur de la propriété.
3 id.   id. et le 1er   étage, id.   id.
6 id.   id. le 1er et le 2e,   id. id.   id.
15 id.   id. les 1er, 2e et 3e,   id. id.   id.
25 id.   id. les 1er, 2e, 3e et 4e,   id. id.   id.
40 id.   id. les 1er, 2e, 3e, 4e et 5e, id. id.   id.

Enfin, 10 maisons sur 100 dont la totalité du chiffre de la valeur mobilière n'atteint pas celui de la valeur de l'immeuble.

C'est le gain fait par les Compagnies qui porte envie aux partisans de l'assurance par l'État ; mais que l'on songe donc que ce sont deux éventualités qui, à de rares exceptions, ont coûté des sacrifices aux Compagnies, qui en font le principal revenu.

Savoir :

Le risque locatif, qui est l'assurance faite par le locataire pour le garantir du recours que le propriétaire, ou la Compagnie qui a assuré le propriétaire, peut exercer contre le locataire auteur de l'incendie, en vertu des art. 1733 et 1734 du Code civil.

Le recours de voisins est l'assurance qui consiste à garantir l'assuré vis-à-vis des tiers, locataires ou voisins, en vertu des art. 1382 et 1383 du Code civil.

L'assurance étant obligatoire, l'Etat ne saurait appliquer ces deux cas dans l'assurance, parce que le chiffre porté dans la police pouvant ne pas être assez élevé, l'assuré serait responsable à la fois vis-à-vis du propriétaire ou de l'Etat qui a assuré la propriété, et vis-à-vis des voisins non assurés ou de l'Etat assureur. Je dis voisins non assurés, car l'assurance ne sera obligatoire que pour les citoyens imposés.

En veut-on un exemple ?

Les Compagnies exigent, pour payer l'intégralité du sinistre fait par le locataire à l'habitation du propriétaire, mais seulement jusqu'à concurrence de la somme assurée, que le chiffre du loyer soit multiplié 15 fois, ainsi 1,000 fr. de loyer font 15,000 fr. de risques locatifs : — ce risque sur les maisons d'habitation est de 30 c. pour 1,000 fr.; sur fabrique, il est des 3/4 de la prime, laquelle varie de 1 fr. à 2 fr.

Sur usine, la prime du risque locatif est la même que celle appliquée aux marchandises.

Il est à notre connaissance d'avoir assuré trois locataires d'une maison à la même Compagnie. En sorte que le chiffre porté sur risques locatifs est toujours supérieur à la valeur réelle du bâtiment : bénéfice énorme pour les Compagnies, puisqu'elles perçoivent vent une prime sur un chiffre qu'elles n'assurent pas en réalité, et dont le Gouvernement ne pourra profiter.

Puis vient le *recours des voisins*, risque généralement éphémère, mais que la prudence recommande, mais dont le Gouvernement ne pourra faire l'application, et qui le privera du bénéfice que font les Compagnies.

Ces deux risques encore ne sont les bénéfices des Compagnies que grâce à la sollicitation des Courtiers, dont le gain ne se base que sur l'élévation de la prime, et dont il surcharge les police, selon que la fortune de l'assuré est élevée, et que leur sollicitation est accueillie.

Lorsqu'après avoir examiné le nombre des affaires faites par les Compagnies, on reconnaîtra qu'elles n'ont été présentées, *98* sur *100*, que par l'intermédiaire des Courtiers, il faudra bien avouer que le public ne songe pas à l'assurance, et que c'est le violenter que de le forcer à s'assurer. Sur notre dernier registre, qui date du 4 octobre 1845, nous constatons que, sur 625 affaires faites par nous, 4 seulement ont été faites sans sollicitations!!! Encore comptons-nous deux fournisseurs et deux de nos amis.

L'assurance par l'État est-elle faite dans l'intérêt de l'assuré ? — Mais alors c'est au détriment du pays.

Est-ce dans l'intérêt de l'Etat ? — Alors disons que le fond de la question est un impôt déguisé et que le mot d'assurance en est le palliatif.

Comment se régleront les sinistres?

Le Gouvernement doit savoir qu'en moyenne les Compagnies paient 20,000 sinistres par année, alors qu'il n'y a pas 1/20ᵉ des citoyens assurés, et que le nombre des sinistres aura lieu dans la proportion des assurances souscrites. Il lui faudra nécessairement un personnel nombreux d'experts et, selon les règles de la prudence, alors qu'un sinistre aura lieu au dessus de 2,000 fr., il imitera les Compagnies qui ne confient le soin d'expertiser les gros sinistres qu'à des experts *ad hoc*, n'habitant pas la localité où le sinistre a eu lieu, afin qu'ils soient dégagés de toute influence locale.

C'est par les sinistres que s'élèvent les difficultés; et le Gouvernement admettra-t-il un arrêt de cour d'appel (royale ci-devant), qui a décidé que la trombe qui détruit un édifice en le renversant est un fait de l'électricité, que l'électricité est le feu, et que le fait retombe à la charge de l'assureur, arrêt qui a coûté 500,000 fr. aux Compagnies. *(Usine de Monville.)*

Le sinistre venant du feu de l'ennemi ou d'une révolution sera-t-il à sa charge, alors que des Compagnies garantissent ces sortes de risques?

Admettra-t-il que le paiement devra se faire non pour la valeur qu'un objet a pu coûter, *même sur facture*, ou pour le prix que l'objet pouvait avoir au moment du sinistre?

Quand l'objet est entièrement détruit, comment le constatera-t-il?

Assurera-t-il les diamants, les bijoux, les perles fines, les dentelles, les objets d'art, les tableaux?

Le sauvetage, les objets avariés ou endommagés resteront-ils à la charge de l'assuré?

Quand l'immeuble construit sur terrain d'autrui aura été détruit, à qui paiera-t-il le sinistre? — Il fera reconstruire? Mais si le bâtiment, par sa vétusté, n'avait ou ne pouvait avoir plus de cinq ans de durée, ce serait la cause d'un bénéfice qui serait illégal, car les bâtiments construits sur terrain d'autrui n'ont jamais la solidité des bâtiments ordinaires : le locataire construit pour lui et non pour ses successeurs.

Que l'on songe bien que l'assuré demande toujours le paiement du sinistre pour le prix que l'objet lui a coûté et non pour sa valeur vénale au moment du sinistre; que là est la source de tous procès, et que les Compagnies évitent pour ne pas tuer leur crédit.

Les Compagnies ont des ennemis par les procès qu'elles ont eus et qu'elles ont gagnés; le Gouvernement espère-t-il échapper à cette position ?

Quand l'assuré aura déclaré une valeur moindre que celle existante et qu'un sinistre surviendra, sera-t-il son propre assureur pour l'excédant? Exemple :

P*** a cent tonnes d'eau-de-vie à 1,000 fr. la tonne, soit 100,000 fr. de marchandises; il a déclaré 50,000 fr. sur sa police; le feu survient et détruit 50,000 fr.

Sont-ce les 50,000 fr. restants qui étaient assurés ou les 50,000 fr. détruits?

Les Compagnies font supporter le dommage au marc le franc à l'asssuré, et P***, suivant l'application des statuts de sa police, recevrait 25,000 fr. — Cette règle, de toute équité, n'a jamais été approuvée par les assurés.

L'État suivra-t-il les traces des Compagnies dans cette voie ?

Si l'Etat paie l'intégralité, c'est encourager le récalcitrant à ne déclarer qu'une partie de ses valeurs.

Si l'Etat paie au marc le franc, le récalcitrant éludera la loi, selon que les objets dont il est possesseur sont combustibles, fragiles ou inflammables, et il restera son propre assureur pour l'excédant des sommes par lui déclarées.

En sorte que l'Etat pourra n'assurer que les valeurs ayant, par leur nature, chance d'être incendiées, et qu'il faut considérer qu'en assurance comme en commerce, c'est le bon qui paie le mauvais ; ce sont les objets non invariables, non combustibles, même les risques éphémères, qui font le bénéfice et la fortune des Compagnies.

Quelle preuve opposerez-vous à une déclaration de sinistre faite par un assuré dont la mauvaise foi est notoire, mais dont le feu aura tout absorbé? Sa police fera-t-elle preuve en justice? Nous nous rappelons que nous-même étant expert, nous avons fait allouer par la Compagnie une indemnité pour des bijoux et montres que nous avions vus antérieurement au sinistre, et qui, après le sinistre, se sont retrouvés au Mont-de-Piété.

Pourquoi le Gouvernement prendra-t-il les assurances?—Evidemment c'est pour remplir le déficit fait au Trésor et établir l'équilibre dans le budget.

Mais, pour s'emparer d'une industrie, il faut payer les détenteurs de l'industrie. A-t-on fait le calcul de ce qu'il y a de numéraire engagé dans le capital social de toutes les Compagnies à primes?

Mais, par la raison même que le Trésor est à sec, et que, pour le combler, il faut que le Gouvernement soit réduit à être industriel, où le Gouvernement prendra-t-il les fonds nécessaires pour payer les actionnaires?

Et demain, peut-être, l'Etat voudra s'emparer des chemins de fer, indemniser les officiers ministériels, les maîtres imprimeurs, toutes les industries à priviléges. — Avec quels fonds indemnisera-t-on?

Alors que des Compagnies, malgré toutes les économies possibles, n'ont pu faire face à leurs charges de bureaux, qui sont énormes, sera-t-il jamais permis d'espérer qu'un Gouvernement apportera plus d'attention et d'économie dans une administration que des directeurs intéressés eux-mêmes à la conservation de leur fortune?

En veut-on un exemple?

Que le Gouvernement fasse le relevé de tout ce qui sort des presses de l'Imprimerie Nationale, qu'il compare l'intérêt qu'il retirerait du bâtiment ou du terrain qu'il occupe, puis, qu'il mette en balance le chiffre de ce qu'il donne pour l'ouvrage qu'il en retire et le paiement de tous les employés, vis-à-vis du chiffre de ce qu'il aurait payé s'il eût mis ses imprimés en adjudication, et l'on verra ce que coûte une industrie mise aux mains de l'Etat.

ENFIN :

En prenant l'assurance par l'État, l'assuré acquiert-il plus de sécurité? — NON.

L'Etat se crée-t-il des ennemis? — OUI.

Le bénéfice est-il certain? — DOUTEUX.

Peut-on ruiner l'Etat par l'incendie? — OUI.

Etablit-il un précédent fâcheux pour l'industrie? — OUI.

Aux yeux du pays, quand, pour dernière ressource,

l'État se fait industriel, avoue-t-il sa ruine et sa mauvaise organisation sociale ? — OUI.

Est-ce oublier le symbole de la Fraternité que s'emparer de l'industrie des citoyens, alors que ces citoyens ont versé leur sang pour l'établissement de la Républiqu ? — OUI.

Est-ce livrer une arme terrible aux mains des ennemis politiques et extérieurs de la République ? — OUI.

L'assurance par l'Etat ouvre-t-elle une porte au crime, au vol des deniers du pays ? — OUI.

Ces questions sont trop graves pour ne pas être appréciées de tous les vrais Républicains.

C'est à vous, dignes Représentants de la Nation, à consulter ses intérêts et à ne pas l'engager dans une voie fatale.

La République peut avoir des hommes à combattre, n'y ajoutons pas les éléments.

Conséquence de l'assurance par l'État.

Ce n'est pas à un Gouvernement nouveau à offrir à ses ennemis l'arme de l'incendie, contre laquelle aucun moyen ne pourrait être opposé. — Si éclairé que soit le Gouvernement, et si bonnes que puissent être ses lois et ses sages applications, il doit considérer qu'il succède à un Gouvernement déchu, qui n'a dû son existence qu'à la corruption qui a vidé les trésors de l'Etat pour en faire une pluie d'or sur des plantes parasites; il doit réfléchir encore que la France est, de toutes les contrées du globe, celle où les passions politiques ont laissé le plus de partisans; que tous les Gouvernements passés ont laissé après eux des hommes qui, poussés par toutes les passions dont une âme politique peut être remplie, peuvent, au jour du combat, et comme moyen d'attaque ou de défense, ou comme précurseurs de leurs vengeances, porter le flambeau de l'incendie au sein de notre pays; que le feu, un des éléments destructeurs, serait toujours l'arme la plus forte qui pourrait être employée pour tuer la République; que le génie de la guerre, ce fléau créé de l'esprit infernal du genre humain, ne recule devant aucun moyen pour faire triompher son drapeau.

En livrant l'assurance aux mains de l'Etat, on expose la France à tous les maux qui peuvent affliger un pays, car ne peut-il pas arriver que le gouvernement, à un jour donné, n'ait des adversaires perfides qui, pour derniers coups de leurs efforts impuissants, ne sèment sous leurs pas l'incendie dans les provinces; et s'il était malheureusement réservé de revoir les incendies qui ont affligé la France en 1846 dans la Bourgogne, et en 1830 dans la Normandie, n'attribuerait-on pas ces incendies aux ennemis de la République ou d'un ministère? Si les Gouvernements déchus eussent été assureurs, n'aurait-on pas accusé le ministère Polignac en 1830 et Guizot en 1846, d'être les causes des sinistres, pour avoir tenu leur position de ministres malgré l'opinion publique?

Loin de nous la pensée que la France possède une nouvelle Vendée, mais les passions ne raisonnent pas, et celui que la fureur aveugle au point d'assassiner son ennemi politique ne s'arrêtera pas, pour protéger sa fuite ou son parti, de porter l'incendie à sa suite.

De faute en faute, la France a vidé ses trésors, mais, terre féconde, si elle est cultivée par des mains habiles, de nouveaux trésors succéderont à ceux dispersés; et la jeune République sera-t-elle réduite, pour combler son budget, à frapper un impôt qu'aucun des Gouvernements qui l'ont précédé n'ont établi? sera-t-elle moins habile en finances qu'en politique?

C'est là où doit tendre son but, ses constants efforts.

Quelle confiance inspirera le Gouvernement aux assurés, lorsque le Trésor étant vide, une calamité frappera une contrée.

Qui oserait dire, j'en appelle à tous les bons citoyens, qu'il n'existe pas malheureusement des hommes dont les idées sont antipathiques à la République, et qui en sont à regretter les royautés déchues? C'est ici qu'il nous est pénible d'écrire qu'il existe des Français monarchiques.

S'il était réservé au Gouvernement la périlleuse mission d'être assureur, la sécurité disparaîtrait, car celui qui ne se connaît aucun ennemi, et que la prudence porte à assurer son avoir, ne craint que le feu du ciel, ou celui que la fatalité, la négligence soit par lui, soit par les siens, peuvent y apporter, mais qu'elle ne serait pas sa crainte s'il survenait une guerre civile ? — *Dieu protége la France,* et la sauvera de ce fléau; mais une émeute, que quelques ennemis lèvent la tête, comment le Gouvernement inspirera-t-il de la sécurité, alors qu'il dépensera ses trésors à armer, soit pour une guerre étrangère, soit pour étouffer le germe de la guerre civile?

Rassurez-donc les manufacturiers pour leurs établissements dans une ville industrielle en émeute, alors surtout que les ouvriers sont en grève, ou excités par des fauteurs de trouble ennemis de la République;

Rassurez le cultivateur sur le sort de sa moisson en meules dans la plaine, quand il entendra parler de conspiration ;

Donnez de la confiance aux artistes, aux hommes de lettres, sur le sort d'un théâtre, quand des ennemis de la République auront désigné tel théâtre comme devant incendier un quartier tout entier, alors que ces théâtres seront encaissés dans le centre d'une population ou d'un bazar comme, en ce moment, l'Opéra, les Variétés, la Porte Saint-Martin, le Vaudeville et Montansier.

La République, forte de son principe démocratique, doit vaincre tous ses ennemis quels qu'ils soient; il n'est pas d'armes qui puissent lutter contre un principe; rois, empereurs, tous ont les yeux fixés sur la France invincible; je dis invincible, quand on a pour soi la foi, la raison et l'union de tout un peuple.

Je dis encore invincible, parce qu'au raisonnement nous opposons la raison; à l'envahissement, nous opposons un corps compacte et valeureux; à la tactique, celle de nos glorieux et savants officiers; mais à l'incendie, la seule arme qui reste à un ennemi perfide, je ne vois point d'armes, point de mesures à opposer : on peut ruiner l'Angleterre par la prise de sa marine marchande; on peut ruiner la France par l'incendie, et, sans combattre, il n'est point de tactique, de lois, de moyens à employer contre le crime qui se cache dans l'ombre.

Pour premier enjeu de bataille, l'ennemi extérieur ou politique, pour ruiner la République, peut, par la malveillance, incendier, nos ports du Hâvre, de Nantes, de Bordeaux et de Marseille, nos établissements manufacturiers de Rouen, d'Elbeuf, de Louviers, de Lille, de Lyon et de Saint-Etienne, et mettre 100,000 ouvriers à chômer par le manque d'atelier. — L'ennemi politique respecte la propriété d'un citoyen qui peut partager ses opinions, mais alors que le crime d'incendie est un moyen qui frappe son adversaire, il n'hésitera pas; qu'on n'oublie pas que les ateliers, par leur outillage, sont longs à rétablir ; que par la quantité de marchandises qu'ils renferment, ils peuvent former une masse de capitaux qu'il serait difficile de réunir sur-le-champ, afin de payer les sinistres, et que tout retard dans le paiement d'un sinistre est une seconde calamité que le Gouvernement doit avoir à cœur d'éviter, mais qu'il ne serait pas à même d'empêcher.

Voilà à quelles conséquences l'assurance par l'Etat pourrait amener le pays.

Cette question est grave par les intérêts sociaux qui s'y rattachent.

L'assurance par l'Etat donnera un succès négatif et peut avoir les résultats les plus funestes.

Cette question, présentée aujourd'hui, est politique, n'en doutez pas, et les ennemis seuls de la République peuvent l'appuyer.

Il est du devoir d'un homme politique, d'un législateur de l'éviter.

De l'alarme dans l'industrie.

L'assurance est une industrie, s'en emparer, c'est forger le premier anneau de la chaîne qui étranglera la République.

Le Gouvernement, en s'en emparant, ne fera pas qu'une spéculation, il consacrera un principe, celui de l'exploitation de l'industrie pour son compte dans l'intérêt douteux de la société.

Mais qu'on y songe, par cela même que des socialistes ne veulent pas que quelques hommes, même aux dépens de leur bourse, de leur existence se mettent à la tête de l'industrie, et les considèrent comme les exploiteurs de l'humanité, et veulent que le Gouvernement seul exploite au profit de tous, quel avenir réserve-t-on à ceux qui ont placé leur fortune dans l'industrie ? quelle espérance laisse-t-on à l'ouvrier laborieux, si ce n'est d'être toute sa vie l'instrument du travail, sans espoir d'être un jour, avec ses économies, à la place de ceux dont il a reçu des travaux ? Ne brise-t-on pas le rouage du commerce en général en attendant votre décision ? quelle crainte ne sème-t-on pas dans la société si la République entre dans cette voie ? Est-ce donc organiser le travail, et relever l'industrie, que de s'en emparer?

Chaque industriel se posera cette question :

Le Gouvernement peut-il prendre mon industrie?

Et on reconnaîtra que la crainte peut, à juste titre, se répandre dans l'industrie.

L'effroi est en ce moment dans l'ordre judiciaire tout entier ; chez tous les porteurs d'actions industrielles dont l'avoir, fruit de toute économie, est compromis ; chez le négociant, dont l'industrie est arrêtée ; chez l'ouvrier, enfin, dont l'atelier est fermé et qui chôme.

Qui empêcherait le Gouvernement de prohiber à l'importation les produits étrangers d'une grande consommation, pour s'en attribuer à lui-même l'exploitation, telles que les fabriques de toiles, de draps, de poterie, de verrerie, les bois et forêts pour la vente des bois et charbons et l'exploitation du gaz dans l'intérêt de la consommation ; les chemins de fer, les bateaux à vapeur et les voitures publiques, dans l'intérêt du commerce et de la sécurité publique ; les théâtres, dans l'intérêt des arts et des lettres?

Vous le voyez, le commerce tout entier est en alarme ; rassurez-le en lui laissant sa liberté d'action et de mouvement ; ne l'empêchez pas de prendre son essor, son activité, pour répandre la richesse au sein de la société.

Par cela seul que le Gouvernement possède la force, si tant est que force doit faire *loi* (mais pas toujours *équité*), est-il juste que la République, à sa naissance, s'empare bien plus même que de la richesse du citoyen, mais de son industrie, de son intelligence ; pas plus que le fleuve qui ne peut remonter vers sa source, l'homme ne saurait, au milieu de sa carrière, se faire une nouvelle routine, une nouvelle vocation : le feu sacré est dans tout ; c'est tuer l'homme dans ses affections, dans ses habitudes, dans ses rapports sociaux, que de lui ravir le métier qui l'a fait vivre jusqu'à ce jour ; n'est-ce pas l'abus de la force contre la faiblesse, et l'oubli logique de la fraternité.

Non, le symbole de la *liberté* ne veut pas que l'on viole chez le citoyen ce qu'on veut que l'on respecte dans la République. — Non, l'*égalité* ne veut pas qu'une industrie soit prise, alors que d'autres ne sont respectées que parce qu'elles ne sauraient, par leur nature, devoir faire partie du domaine de l Etat. — Non, le dernier de nos symboles, la *fraternité*, ne veut pas que la République fasse le sacrifice d'une partie de ses enfants au profit d'autres plus heureux ; la fraternité est l'amour du prochain ; c'est étouffer le plus pur de tous les sentiments, celui de la charité, que de fermer les yeux sur les douleurs qui vont s'ouvrir en France à la prise d'une industrie quelconque.

La France a toujours marché à la tête de l'humanité, nous avons secouru de notre bourse les Grecs et les chrétiens du Liban ; en ce moment l'Italie et la Pologne tendent leurs bras vers nous ; les sentiments que nous avons pour des étrangers malheureux seront-ils donc éteints pour nos frères ?

Celui qui vous écrit ces lignes, Citoyens, ne parle pas dans son unique intérêt, Typographe pendant dix-sept ans, il se souvient du premier métier qui l'a fait vivre ; — Voyageur du commerce, il a établi des relations commerciales des Indes aux Antilles, d'un pôle à l'autre ; — Agent d'assurances, quarante millions en assurances peuvent attester son activité ; l'industrie ne lui fera jamais défaut ; mais c'est au nom de la société tout entière qui s'émeut, au nom de tous les Courtiers, Agents et Employés des Administrations qu'il vous adresse ce Mémoire.

Par votre vote, vous n'ôterez pas le pain de ceux qui, les premiers, ont contribué de leur sang à sceller l'édifice de la République, à ceux qui ont exposé leur poitrine pour abattre la royauté, à ceux qui, confiants dans vos lumières, vous ont nommés leurs représentants, et leur faire comparer leur position future à celle qu'ils avaient sous la royauté.

La République doit se faire aimer par la protection qu'elle doit à nos produits et à notre industrie tout entière, alors qu'elle est politique ; —la crainte succède à l'amour, alors qu'elle est industrielle, le *veto* qu'elle peut poser sur chaque branche d'industrie peut lui faire des ennemis : qu'elle ne donne aucune arme à ses adversaires.

L'Angleterre, qui, en industrie, peut donner plus d'un bon exemple à suivre, a-t-elle jamais cherché, pour alléger son budget et éteindre une dette que tout l'or monnayé du monde ne pourrait acquitter, à faire du commerce pour le compte de son Gouvernement ?

L'Angleterre ne doit sa stabilité qu'à la puissante protection qu'elle a toujours su donner à l'industrie.

Que la jeune République, féconde en savantes innovations, prenne encore chez les peuples étrangers les moyens qu'ils ont employés pour les enrichir, qu'elle en fasse une brillante application, et elle aura mérité l'admiration des peuples et la sympathie de tous les Français.

Nous croyons, pour dernier avis, que l'Assemblée nationale, avant de trancher cette grave question, voudra s'éclairer des conseils des hommes spéciaux qui ont étudié la matière, non seulement en consultant leurs écrits, mais en les appelant au sein d'une commission, là, sur le terrain de la discussion, toutes les questions, toutes les hypothèses seront présentées, développées, réfutées même, alors les Représentants, en connaissance parfaite de cause, prendront une détermination basée sur l'étude approfondie de la question. Nous nous ferions un devoir, s'il nous était réservé l'honneur d'y être appelé, d'y apporter, dans l'intérêt du pays, le pur dévouement, joint à la plus grande abnégation de nos intérêts personnels.

Citoyens,

Votre mission est de régénérer la société ; mais elle ne va pas jusqu'à priver le citoyen de son industrie, quand cette industrie n'est pas illicite. Le droit d'association est l'application de la liberté dans toute son étendue logique ; s'emparer d'une industrie, c'est attenter à la liberté, c'est miner l'édifice social.

Législateurs, l'équité vous le défend.

Patriotes, vous penserez à vos frères dont votre vote ferait la ruine.

Politiques, vous ne voudrez pas vous créer d'ennemis : l'union est le premier de tous les biens.

Représentants, vous songerez aux hommes qui vous ont donné leurs voix, alors que, candidats, vous avez juré de défendre leurs intérêts.

Voilà, Citoyens Représentants de la nation, les idées, les conseils qu'un Patriote vous donne.

Confiant dans vos lumières et votre patriotisme, il attend avec confiance la sanction du Mémoire qu'il vous adresse.

Si, trompé dans son espoir, vous décidez la prise de possession de l'assurance par l'Etat, soumis aux lois de son pays, il respectera votre décision; il n'oubliera pas que vous représentez la Nation tout entière; il courbera la tête devant sa volonté; il cherchera une nouvelle carrière dans une autre industrie, et la République ne comptera pas un patriote de moins.

Salut et fraternité,

Vive la République!

Adolphe **CHAUVIER**,
Combattant de février,
COURTIER D'ASSURANCES.

52, rue de la Fidélité.

www.ingramcontent.com/pod-product-compliance
Ingram Content Group UK Ltd.
Pitfield, Milton Keynes, MK11 3LW, UK
UKHW021037220726
13924UKWH00001B/379